BEI GRIN MACHT SICH IHR WISSEN BEZAHLT

- Wir veröffentlichen Ihre Hausarbeit, Bachelor- und Masterarbeit
- Ihr eigenes eBook und Buch - weltweit in allen wichtigen Shops
- Verdienen Sie an jedem Verkauf

Jetzt bei www.GRIN.com hochladen und kostenlos publizieren

Bibliografische Information der Deutschen Nationalbibliothek:

Die Deutsche Bibliothek verzeichnet diese Publikation in der Deutschen Nationalbibliografie; detaillierte bibliografische Daten sind im Internet über http://dnb.d-nb.de/ abrufbar.

Dieses Werk sowie alle darin enthaltenen einzelnen Beiträge und Abbildungen sind urheberrechtlich geschützt. Jede Verwertung, die nicht ausdrücklich vom Urheberrechtsschutz zugelassen ist, bedarf der vorherigen Zustimmung des Verlages. Das gilt insbesondere für Vervielfältigungen, Bearbeitungen, Übersetzungen, Mikroverfilmungen, Auswertungen durch Datenbanken und für die Einspeicherung und Verarbeitung in elektronische Systeme. Alle Rechte, auch die des auszugsweisen Nachdrucks, der fotomechanischen Wiedergabe (einschließlich Mikrokopie) sowie der Auswertung durch Datenbanken oder ähnliche Einrichtungen, vorbehalten.

Impressum:

Copyright © 2010 GRIN Verlag, Open Publishing GmbH
Druck und Bindung: Books on Demand GmbH, Norderstedt Germany
ISBN: 9783640660957

Dieses Buch bei GRIN:

http://www.grin.com/de/e-book/153694/guerilla-marketing-grundlagen-instrumente-und-beispiele

Christian Wollscheid

Guerilla-Marketing. Grundlagen, Instrumente und Beispiele

GRIN Verlag

GRIN - Your knowledge has value

Der GRIN Verlag publiziert seit 1998 wissenschaftliche Arbeiten von Studenten, Hochschullehrern und anderen Akademikern als eBook und gedrucktes Buch. Die Verlagswebsite www.grin.com ist die ideale Plattform zur Veröffentlichung von Hausarbeiten, Abschlussarbeiten, wissenschaftlichen Aufsätzen, Dissertationen und Fachbüchern.

Besuchen Sie uns im Internet:

http://www.grin.com/

http://www.facebook.com/grincom

http://www.twitter.com/grin_com

Fachhochschule Trier – University of Applied Sciences
Standort Umwelt-Campus Birkenfeld
Fachbereich Umweltwirtschaft/Umweltrecht
B.A.-Studiengang Umwelt- und Betriebswirtschaft

Guerilla-Marketing -
Grundlagen, Instrumente und Beispiele

Abschlussarbeit
zur Erlangung des akademischen Grades
Bachelor of Arts (B.A.)

eingereicht von:
Christian Wollscheid

Coverbild: pixabay.com

Damflos, im Juni 2010

Inhaltsverzeichnis

Abbildungsverzeichnis .... **IV**

Tabellenverzeichnis .... **IV**

Abkürzungsverzeichnis .... **V**

1 Einleitung **1**

    1.1 Problemstellung 1

    1.2 Zielsetzung und Vorgehensweise 2

2 Grundlagen des Guerilla-Marketing **3**

    2.1 Herkunft des Begriffs Guerilla 3

    2.2 Historie des Guerilla-Marketing 4

    2.3 Begriffsabgrenzung 5

    2.4 Prinzipien 7

    2.5 Voraussetzungen 8

    2.6 Ziele und Zielgruppen 9

    2.7 Guerilla-Marketing im Marketing-Mix 11

3 Instrumente innerhalb der Kommunikation **11**

    3.1 Viral Marketing 12

        3.1.1 Charakterisierung *12*

        3.1.2 Ziele *14*

        3.1.3 Praxisbeispiel *14*

    3.2 Ambush-Marketing 17

        3.2.1 Charakterisierung *17*

        3.2.2 Ziele *18*

        3.2.3 Praxisbeispiel *18*

3.3 Ambient Media 20

    3.3.1 Charakterisierung *20*

    3.3.2 Ziele *22*

    3.3.3 Praxisbeispiele *22*

3.4 Sensation Marketing 25

    3.4.1 Charakterisierung *25*

    3.4.2 Ziele *25*

    3.4.3 Praxisbeispiele *26*

3.5 Zwischenfazit 28

4 Instrumente außerhalb der Kommunikation 29

4.1 Guerilla Pricing 29

    4.1.1 Charakterisierung *29*

    4.1.2 Praxisbeispiel *29*

4.2 Guerilla Producting 30

    4.2.1 Charakterisierung *30*

    4.2.2 Praxisbeispiel *30*

4.3 Guerilla Distributing 31

    4.3.1 Charakterisierung *31*

    4.3.2 Praxisbeispiel *32*

5 Möglichkeiten und Grenzen des Guerilla-Marketing 33

5.1 Stärken und Schwächen 33

5.2 Chancen und Risiken 34

5.3 Kosten und Erfolgskontrolle 36

6 Fazit und Ausblick 37

Literaturverzeichnis 40

Abbildungsverzeichnis

Abb. 1: Mechanik des Guerilla-Marketing 10

Abb. 2: Anwendungshäufigkeit von Guerilla-Marketing im Marketing-Mix 11

Abb. 3: Mary Woodbridge plant eine Everest-Expedition 16

Abb. 4: Die Kampagne sorgt für Gesprächsstoff 16

Abb. 5: Plakat zur Aktion *Go Heinrich Go!* 19

Abb. 6: Mögliche Örtlichkeiten für Ambient Medien 21

Abb. 7: Aufmerksamkeitserregender Kaffeebecher 23

Abb. 8: Überraschungswerbung auf öffentlicher Toilette 23

Abb. 9: Meister Proper auf Zebrastreifen 24

Abb. 10: MINI auf den Zuschauerrängen 26

Abb. 11: Die *Oliver-Kahn-Brücke* am Flughafen München 27

Abb. 12: Instrumentelle Säulen des Guerilla-Marketing 28

Abb. 13: Media Markt Aktion *Die größte EM-Wette aller Zeiten* 30

Abb. 14: *Get One!*: Gewürzgurke aus der Dose 31

Abb. 15: Harry Potter zur Geisterstunde 32

Tabellenverzeichnis

Tab. 1: Historie des Guerilla-Marketing 5

Tab. 2: Stärken und Schwächen des Guerilla-Marketing 33

Abkürzungsverzeichnis

Abb.	Abbildung
AG	Aktiengesellschaft
bzgl.	bezüglich
bzw.	beziehungsweise
DVD	Digital Versatile Disc (Speichermedium)
EM	Europameisterschaft
etc.	et cetera
e.V.	eingetragener Verein
f., ff.	folgende, fortfolgende
GfK	Gesellschaft für Konsumforschung
GmbH	Gesellschaft mit beschränkter Haftung
Hrsg.	Herausgeber
MMS	Multimedia Messaging Service
o.J.	ohne Jahresangabe
S.	Seite
SMS	Short Message Service
Tab.	Tabelle
URL	Uniform Resource Locator (Internetadresse)
vgl.	vergleiche
z.B.	zum Beispiel

1 Einleitung

1.1 Problemstellung

Während sich Unternehmen in früheren Zeiten hauptsächlich noch im Produktwettbewerb befanden, verschiebt sich heutzutage die Lage immer mehr in Richtung des Kommunikationswettbewerbes.[1] Die seit den 1990er Jahren immer weiter fortschreitende Homogenisierung der Produkte führt zu einer erhöhten Substituierbarkeit von Waren und Dienstleistungen.[2] Durch den vermehrten Einsatz an Kommunikation versucht man, eine Differenzierung mithilfe eines bestimmten Images zu erzeugen.[3]

Konventionelle Kommunikationsinstrumente (im Folgenden auch kurz *klassische Werbung* genannt), z.B. Fernseh- und Print-Kampagnen, sind wichtige Bestandteile des Marketing-Mix der Unternehmen, jedoch sind die Rezipienten von diesen Maßnahmen zunehmend gelangweilt; sie versuchen, sich der penetranten Informationsflut zu entziehen.[4] Nach einer Studie von Werner Kroeber-Riel und Franz-Rudolf Esch beträgt die Informationsüberlastung der deutschen Konsumenten 98%, was bedeutet, dass nur 2% des Angebotes an Informationen überhaupt die Chance bekommt, von den Empfängern aufgenommen zu werden.[5] Klassische Werbung wirkt eher störend auf die Rezipienten, als dass sie als eine kommerzielle Informationsquelle dient, sie verliert mehr und mehr an Aufmerksamkeit und lässt somit das Bedürfnis nach neuen Strategien zunehmend stärker werden.[6]

---

[1] Vgl. Esch, F.-R., Wirkung integrierter Kommunikation, 2006, S. 2.
[2] Vgl. Esch, F.-R., Wirkung integrierter Kommunikation, 2006, S. 2ff.
[3] Vgl. Nufer, G.; Bender, M., Guerilla Marketing, 2008, S. 2.
[4] Vgl. Patalas, T., Guerilla-Marketing - Ideen schlagen Budget, 2006, S. 43.
[5] Vgl. Kroeber-Riel, W.; Esch, F., Strategie und Technik der Werbung, 2004, S. 16.
[6] Vgl. Zerr, K., Guerilla-Marketing in der Kommunikation, 2005, S. 464.

Der Marketingexperte Jay Conrad Levinson merkt hierzu an: „*Wenn Sie über all das Geld verfügen könnten, das jedes Jahr für Marketingmaßnahmen verschwendet wird, wären Sie reicher als Bill Gates und Warren Buffet zusammen. [...] Und Ihre Einnahmen würden Jahr für Jahr steigen, weil jährlich mehr Geld für Marketingmaßnahmen verschwendet als investiert wird.*"[7]

Die Aufgabe für die Werbetreibenden ist klar definiert: Die Aufmerksamkeit der Konsumenten auf sich ziehen, ohne dabei aufdringlich zu wirken. Zudem muss, gerade in Zeiten weltweiter Wirtschaftskrisen, eine hohe Werbeeffizienz erreicht werden, um Kosten zu sparen. Guerilla-Marketing bietet dazu neue, ungewöhnliche Instrumente, die nicht nur eine Alternative zur klassischen Kommunikation, sondern auch zu traditionellen Produkt-, Preis- und Distributionsmaßnahmen darstellen.

1.2 Zielsetzung und Vorgehensweise

Im Rahmen dieser Arbeit soll untersucht werden, inwiefern Guerilla-Marketing als alternativer bzw. ergänzender Ansatz im Marketing dazu beitragen kann, der zunehmenden Übersättigung der Empfänger entgegenzutreten. Dazu wird zunächst eine Übersicht über die Grundlagen des Guerilla-Marketing gegeben, die sich unter anderem auf die Historie, die Begriffsabgrenzung und die Prinzipien beziehen. Anschließend werden die Instrumente des Guerilla-Marketing, sowohl innerhalb als auch außerhalb der Kommunikation, aufgezeigt und anhand von Beispielen verdeutlicht. Schlussendlich werden die Möglichkeiten und Grenzen des Konzeptes beschrieben und ein Fazit sowie ein Ausblick in die Zukunft gegeben.

---

[7] Levinson, J. C., Die 100 besten Guerilla-Marketing-Ideen, 2000, S. 15.

2 Grundlagen des Guerilla-Marketing

2.1 Herkunft des Begriffs *Guerilla*

Der Begriff *Guerilla* entstand im spanischen Unabhängigkeitskrieg Anfang des 19. Jahrhunderts. Nachdem die Truppen Napoleons die reguläre spanische Armee besiegten, bildeten sich Untergrundmilizen, die gegen die größenmäßig weit überlegenen Truppen Napoleons kämpften.[8] *Guerrilla*[9] ist die Verkleinerungsform des spanischen Wortes *Guerra* (Krieg) und bedeutet übersetzt soviel wie Kleinkrieg oder Partisanenkampf.[10]

Die Guerilla-Taktik wurde in der Geschichte meist von kleinen Gruppen angewandt, um auf unkonventionelle Art und Weise gegen eine militärisch überlegene Besatzungsmacht anzukämpfen.[11] Sie wurde vor allem durch den Widerstandskämpfer und Revolutionär Ernesto „Che" Guevara während der kubanischen Revolution in den 1950er Jahren geprägt[12] und galt als „Waffe der Schwachen" gegenüber einem großen, überlegenen Gegner.[13] Guerilla-Krieger greifen aus dem Hinterhalt an und setzen dabei auf den Überraschungsmoment, wobei sie sich ihre Unterzahl zum Vorteil machen und dadurch schneller reagieren können als eine große Armee. Der Kampfgeist des Gegners soll dabei durch ständige und unvorhersehbare Angriffe geschwächt werden, welche das charakteristische Merkmal des Guerilla-Krieges darstellen.[14]

---

[8] Vgl. *Guerilla:* Artikel in: Die Zeit - Das Lexikon, Band 6, 2005, S. 126.
[9] Spanische Schreibweise.
[10] Vgl. Toedter, C., Guerilla Marketing, 2006, S. 11.
[11] Vgl. Jäckel, M., Guerilla-Marketing, 2007, S. 3.
[12] Vgl. Toedter, C., Guerilla Marketing, 2006, S. 11.
[13] Vgl. Guevara, E. C., Guerillakampf und Freiheitsbewegung, 2007, S. 68.
[14] Vgl. Toedter, C., Guerilla Marketing, 2006, S. 12.

2.2 Historie des Guerilla-Marketing

Der Begriff des Guerilla-Marketing und das damit verbundene Konzept entstand Mitte der 60er Jahre des 20. Jahrhunderts in den USA.[15] Amerikanische Marketing-Professoren suchten nach neuen Marketingstrategien, die nicht auf den bis dato notwendigen Eigenschaften wie Marktmacht, Größe und Kapitalkraft eines Unternehmens beruhten. Vielmehr sollten Strategien entwickelt werden, die auf Bausteinen wie Unkonventionalität, Flexibilität, Kreativität und Einfallsreichtum basierten und ohne große Kosten umzusetzen waren.[16] Geprägt wurde man vom Vietnamkrieg, der zu dieser Zeit stattfand. Der Guerillakampf der Vietkong beruhte auf einfachen, kostengünstigen und effektiven Strategien, durch die man sich erfolgreich gegen die scheinbar übermächtige US-Armee zur Wehr setzte.[17]

Größere Beachtung hat das Guerilla-Marketing in den 1980er Jahren durch den Amerikaner Jay Conrad Levinson erlangt,[18] der in diesem Konzept eine Möglichkeit für kleine und mittelständische Unternehmen sah, konventionelle Marketingziele mit unkonventionellen Mitteln zu erreichen. Sein 1984 erstmals veröffentlichtes Buch *Guerilla Marketing* wurde in 37 Sprachen übersetzt und über eine Million Mal verkauft.[19] Nach Levinson beruht Guerilla-Marketing auf kreativen Ideen, Ausdauer, Individualität und vor allem Kundennähe,[20] wodurch kleine Unternehmen, die in der Regel nur über geringe Ressourcen verfügen, die Chance erhalten, sich von der Konkurrenz abzuheben und sich gegenüber den großen Konkurrenzunternehmen am Markt durchzusetzen.[21] Die Marketingstrategen Al Ries und Jack Trout veröffentlichten 1986 das Buch *Marketing Warfare*, worin sie einen Ansatz der Verbindung von Kriegs- und Marketingstrategien

---

[15] Vgl. Schulte, T., Guerilla-Marketing für Unternehmertypen, 2007, S. 28.
[16] Vgl. Zerr, K., Guerilla-Marketing in der Kommunikation, 2005, S. 464.
[17] Vgl. Schulte, T., Guerilla-Marketing für Unternehmertypen, 2007, S. 28.
[18] Vgl. Jäckel, M., Guerilla-Marketing, 2007, S. 3.
[19] Vgl. Zerr, K., Guerilla-Marketing in der Kommunikation, 2005, S. 464.
[20] Vgl. Levinson, J. C., Das Guerilla Marketing Handbuch, 2000, S. 14.
[21] Vgl. Zerr, K., Guerilla-Marketing in der Kommunikation, 2005, S. 464.

verfolgten und den kriegerischen Guerilla-Gedanken der 1960er Jahre wieder aufgriffen.[22] Laut den Autoren müssen drei Voraussetzungen erfüllt sein, um Guerilla-Marketing erfolgreich einzusetzen (vgl. Abschnitt 2.5). Ende der 1980er und Anfang der 1990er Jahre kamen neue Begriffe wie Ambient- oder Viral Marketing auf, die heute als feste Bestandteile des Guerilla-Marketing angesehen werden.[23]

Zeitfaktor	Entwicklungsfaktor
1808-1814	Entstehung des Begriffs Guerilla
1961	Che Guevara: Guerilla Kriegsführung als Methode
1960er Jahre	Geburtsstunde des Guerilla-Marketing
1983	Erstes Buch von Pionier Jay Conrad Levinson
1984	Erste benannte Ambush-Aktion von Kodak
1986	*Marketing Warfare* von Ries / Trout
1989	Erstmalige Verwendung des Begriffs Viral Marketing
1995	Ambient Media betreten die Marketingbühne

Tab. 1: Historie des Guerilla-Marketing
Quelle: eigene Darstellung in Anlehnung an:
Schulte, T., Guerilla-Marketing für Unternehmertypen, 2007, S. 29

2.3 Begriffsabgrenzung

Für das Guerilla-Marketing hat sich noch keine allgemeingültige Definition durchgesetzt, im Laufe der Jahre wurden stets neue Definitionsansätze entwickelt.[24] Im Folgenden sollen einige Auffassungen dargestellt werden.

---

[22] Vgl. Schulte, T., Guerilla-Marketing für Unternehmertypen, 2007, S. 33.
[23] Vgl. Schulte, T., Guerilla-Marketing für Unternehmertypen, 2007, S. 34ff.
[24] Vgl. Jäckel, M., Guerilla-Marketing, 2007, S. 3.

Jay Conrad Levinson, der gemeinhin als „*Vater und Erfinder des Guerilla Marketings*"[25] tituliert wird, bezeichnet es als unkonventionellen Weg zur Erreichung konventioneller Ziele, welcher mit einem minimalen Aufwand finanzieller Ressourcen einen maximalen Gewinn generieren soll.[26]

Die beiden deutschen Marketingexperten Thorsten Schulte und Patrick Breitenbach definieren Guerilla-Marketing folgendermaßen:

„*Guerilla Marketing ist die Kunst, den von Werbung und Marketing übersättigten Konsumenten größtmögliche Aufmerksamkeit durch unkonventionelles bzw. originelles Marketing zu entlocken. Dazu ist es notwendig, dass sich der Guerilla Marketeer möglichst [...] außerhalb der klassischen Werbekanäle und Marketing-Traditionen bewegt.*"[27]

Es gibt eine Vielzahl weiterer unterschiedlicher Definitionen, die das Konzept beschreiben, jedoch kann man immer wiederkehrende, sich wiederholende Charakteristika feststellen.

Guerilla-Marketing ist demnach:

- unkonventionell
- originell bzw. kreativ
- kostengünstig bzw. effizient
- flexibel
- spektakulär

Desweiteren spiegeln sich die Prinzipien des Guerilla-Marketing grundsätzlich in dessen Maßnahmen wider. Sie werden im Folgenden erläutert.

---

[25] Schulte, T., Guerilla-Marketing für Unternehmertypen, 2007, S. 33.
[26] Vgl. Levinson, zitiert in:
Schulte, T., Guerilla-Marketing für Unternehmertypen, 2007, S. 16.
[27] Schulte, T., Guerilla-Marketing für Unternehmertypen, 2007, S. 11.

2.4 Prinzipien

Die drei zentralen Prinzipien des Guerilla-Marketing definiert Konrad Zerr, Professor für Marketing und Marktforschung an der Hochschule Pforzheim, in der Auslösung von Überraschungseffekten beim Empfänger, der Infragestellung etablierter Werte sowie der ansteckenden Verbreitung der Werbebotschaften.[28] Diese Prinzipien wurden im Bezug auf Kommunikationsmaßnahmen definiert, sie können jedoch auch in die Produkt-, Preis- und Distributionspolitik integriert werden (vgl. Kapitel 4).

- Guerilla-Marketing ist überraschend. Es setzt auf Aktionen, die ungewöhnlich sind und somit die Beachtung der werbeübersättigten Konsumenten gewinnen.[29] Dies ist umso wahrscheinlicher, je ungewöhnlicher die Aktion im Vergleich zum gewohnten Umfeld der beworbenen Produktkategorie erscheint.[30]

- Guerilla-Marketing-Aktionen sind rebellisch. Sie haben oftmals das Ziel, die Funktionsweisen des herkömmlichen Marketing in Frage zu stellen und die Werte der Konkurrenz zu destabilisieren.[31]

- Guerilla-Marketing setzt auf das Prinzip der selbstständigen und eigendynamischen Verbreitung von Botschaften. Während die klassische Werbung auf permanenter Wiederholung zur nachhaltigen Verankerung der Botschaften in den Köpfen der Konsumenten basiert, verlieren Guerilla-Marketing-Aktionen oftmals ihre Bedeutung, wenn sie wiederholt durchgeführt werden.[32] Deshalb versucht man, sowohl Medienvertretern als auch der allgemeinen Öffentlichkeit immer wieder neuen, interessanten Gesprächs-

---

[28] Vgl. Zerr, K., Guerilla-Marketing in der Kommunikation, 2005, S. 465ff.
[29] Vgl. Schulte, T., Guerilla-Marketing für Unternehmertypen, 2007, S. 17.
[30] Vgl. Zerr, K., Guerilla-Marketing in der Kommunikation, 2005, S. 467.
[31] Vgl. Zerr, K., Guerilla-Marketing in der Kommunikation, 2005, S. 468.
[32] Vgl. Huber, F.; Meyer, F.; Nachtigall, C., Guerilla-Marketing, 2009, S. 6.

stoff zu liefern. Wenn dies gelingt, kann Guerilla-Marketing durch eine exponentielle Erhöhung der Reichweite eine deutliche Effizienzsteigerung im Vergleich zur klassischen Werbung erzielen.[33]

2.5 Voraussetzungen

Als Grundlage zum erfolgreichen Einsatz von Guerilla-Marketing sehen die Amerikaner Ries und Trout drei Voraussetzungen, die innerhalb des ausführenden Unternehmens gegeben sein müssen:[34]

- Es muss sich auf eine Marktnische beschränken, die klein genug ist, um sich mit den eigenen Ressourcen gegen die Konkurrenz behaupten zu können. Die Marktnische kann über das Leistungsangebot (Produkt, Dienstleistung), die Zielgruppe oder die geografische Lage festgelegt werden.

- Die Organisationsstruktur des Unternehmens muss schlank und flexibel bleiben. Nur so können schnelle Reaktionen auf veränderte Marktsituationen erfolgen. Deshalb ist es notwendig, die Anzahl der Mitarbeiter mit verwaltender Tätigkeit möglichst gering zu halten.

- Die dritte und wichtigste Voraussetzung für ein Unternehmen, das Guerilla-Marketing erfolgreich betreiben möchte, ist eine hohe Flexibilität. Schnelles und unbürokratisches Handeln ist von größter Bedeutung, um kundennah zu bleiben und Betätigungsfelder mit abnehmender Rentabilität schnell zu verlassen, um die Ressourcen auf chancenreichere Aktivitäten zu lenken.

---

[33] Vgl. Zerr, K., Guerilla-Marketing in der Kommunikation, 2005, S. 469.
[34] Vgl. Ries, A.; Trout, J., Marketing Warfare, 1997, S. 101ff.

2.6 Ziele und Zielgruppen

Das Hauptziel des Guerilla-Marketing ist es, konventionelle Ziele mit unkonventionellen Methoden und Strategien zu erreichen.[35] Dieses Ziel erreicht man, indem man zwei unterschiedliche Bereiche miteinander kombiniert: Die Revolutionäre Kriegsführung und das Marketing. Wie ein Guerilla-Krieger muss man ständig in Bewegung bleiben und originelle und einprägsame Aktionen durchführen, um sich gegen den Gegner (die Konkurrenz) zu behaupten.[36]

Guerilla-Marketing zielt darauf ab, durch ungewöhnliche Maßnahmen eine hohe Aufmerksamkeit zu erzeugen. Demnach soll beim Empfänger ein Überraschungseffekt („AHA"- oder „WOW"-Effekt) hervorgerufen werden, der die Bereitschaft zur Verbreitung einer Botschaft erhöhen soll (vgl. Abb. 1).[37] Die Kosten sollen dabei möglichst gering sein; maximale Wirkung soll mit minimalem Aufwand erreicht werden.[38] In der Vergangenheit wurden diese Ziele hauptsächlich von kleinen und mittelständischen Unternehmen verfolgt, die über geringe finanzielle Mittel verfügen. Mittlerweile wenden jedoch auch Unternehmen mit großen Budgets Guerilla-Marketing an, um jenseits des traditionellen Marketing ihre Zielgruppen direkt und über die Medien zu erreichen.[39]

---

[35] Vgl. Förster, A.; Kreuz, P., Marketing-Trends, 2006, S. 50.
[36] Vgl. Förster, A.; Kreuz, P., Marketing-Trends, 2006, S. 49 f.
[37] Vgl. Zerr, K., Guerilla-Marketing in der Kommunikation, 2005, S. 467.
[38] Vgl. Levinson, J. C., Das Guerilla Marketing Handbuch, 2000, S. 256.
[39] Vgl. Schulte, T., Guerilla-Marketing für Unternehmertypen, 2007, S. 18.

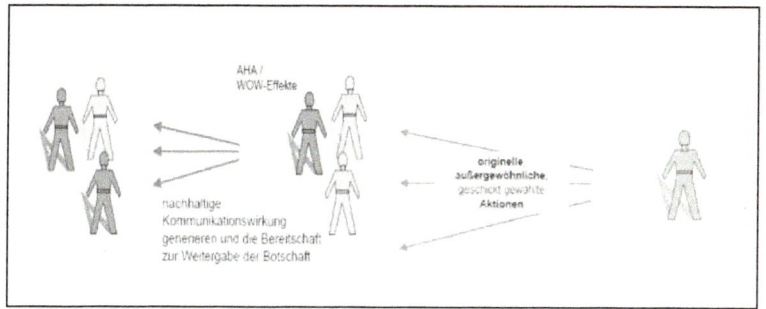

Abb. 1: Mechanik des Guerilla-Marketing
Quelle: 4managers, o.J.,
http://www.4managers.de/management/guerilla-marketing, Abrufdatum: 23.04.2010

Grundsätzlich kann mit Guerilla-Marketing jede Zielgruppe erreicht werden. Besonders häufig wird mit den unkonventionellen Aktionen jedoch eine Zielgruppe im Alter von 15 bis 35 Jahren angesprochen.[40]

Eine zielgruppenspezifische Planung der Kampagnen ist dabei essentiell, um bei den anzusprechenden Rezipienten den gewünschten Überraschungseffekt zu erzeugen und sich vom traditionellen Marketing abzuheben. Eine kontinuierliche Analyse der Zielgruppen dient beim Guerilla-Marketing, genau wie bei jeder anderen Marketingform auch, als Grundlagen für Erfolge.[41]

Levinson formuliert hierzu treffend: „*Statt vage Botschaften in den Raum zu werfen, in dem ein nur unzulänglich bekanntes Publikum sitzt, flüstern die Marketingexperten genau die richtigen Wörter in genau die richtigen Ohren und rufen genau die Reaktion hervor, die sie wünschen.*"[42]

---

[40] Vgl. Huber, F.; Meyer, F.; Nachtigall, C., Guerilla-Marketing, 2009, S. 10.
[41] Vgl. Häusel, H., Brain View, 2008, S. 173f.
[42] Levinson, J. C., Das Guerilla Marketing Handbuch, 2000, S. 9.

2.7 Guerilla-Marketing im Marketing-Mix

Guerilla-Marketing nimmt Einfluss auf alle Bereiche des Marketing-Mix. Sowohl in der Kommunikation als auch in der Preis-, Produkt- sowie der Distributionspolitik findet es Anwendung.[43] In der Praxis wird jedoch der mit Abstand größte Teil der Guerilla-Marketing-Aktionen als Kommunikationsmaßnahme geplant und eingesetzt. Rund 70% aller Aktionen finden im Bereich der Kommunikation statt, der Produkt-, Preis- und Distributionspolitik werden jeweils 10% zugeordnet.[44]

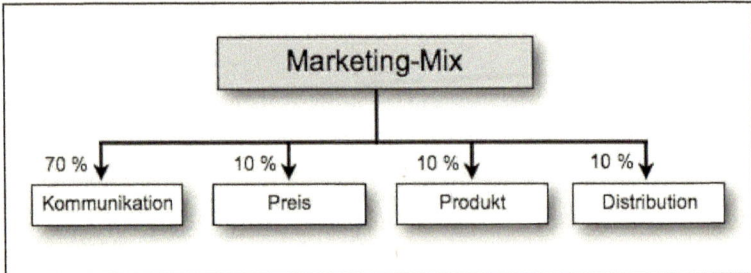

Abb. 2: Anwendungshäufigkeit von Guerilla-Marketing im Marketing-Mix
Quelle: eigene Darstellung in Anlehnung an:
Schulte, T., Guerilla-Marketing für Unternehmertypen, 2007, S. 20

3 Instrumente innerhalb der Kommunikation

Guerilla-Marketing innerhalb der Kommunikation lässt sich der Below-the-Line-Kommunikation zuordnen, dies bezeichnet Kommunikationsmaßnahmen, die sich primär nicht der klassischen Massenmedien bedienen, sondern versuchen, die Zielgruppen direkt und persönlich anzusprechen und dabei zunächst nicht

---

[43] Vgl. Jäckel, M., Guerilla-Marketing, 2007, S. 5.
[44] Vgl. Schulte, T., Guerilla-Marketing für Unternehmertypen, 2007, S. 20.

als Werbemaßnahmen wahrgenommen zu werden.[45] Die Prinzipien der Überraschung, der Rebellion und der ansteckenden Verbreitung sind dabei immer in den kommunikationspolitischen Maßnahmen integriert.[46] Die vier am häufigsten in Werbekampagnen und Fachliteratur anzutreffenden kommunikationsbasierten Instrumente des Guerilla-Marketing sind Viral Marketing, Ambush-Marketing, Ambient Medien sowie Sensation Marketing und werden im Folgenden erläutert.

3.1 Viral Marketing

3.1.1 Charakterisierung

Vergleichbar mit der epidemischen Ausbreitung biologischer Viren zielt das Viral Marketing, das in der Literatur auch als Buzz-Marketing, World-of-Mouth-Marketing oder Tell-a-Friend-Marketing bezeichnet wird, auf die selbstständige und exponentielle Verbreitung von Werbebotschaften ab.[47]

Man unterscheidet beim Viral Marketing zwischen On- und Offline-Aktionen. Die Offline-Aktionen werden häufig als Mundpropaganda und Empfehlungsmarketing bezeichnet, Online-Aktionen dagegen meist als Viral Marketing tituliert.[48] Nachfolgend wird einheitlich der Begriff Viral Marketing benutzt, welcher sowohl Online- als auch Offline-Aktionen mit einschließt. Viral Marketing basiert auf dem schon lange Zeit existierenden Prinzip der „Mund-zu-Mund-Propaganda". Wichtig ist neben dem Einsatz von Multiplikatoren die Interaktivität der Aktionen und die Einbeziehung der Empfänger.[49] Zu den Multiplikatoren zählen alle Mas-

---

[45] Vgl. Below-the-Line-Kommunikation: Artikel in: Gabler Wirtschaftslexikon Online, http://wirtschaftslexikon.gabler.de/Definition/below-the-line-kommunikation.html, Abrufdatum: 31.03.2010

[46] Vgl. Patalas, T., Guerilla-Marketing - Ideen schlagen Budget, 2006, S. 41ff.

[47] Vgl. Huber, F.; Meyer, F.; Nachtigall, C., Guerilla-Marketing, 2009, S. 7.

[48] Vgl. Patalas, T., Guerilla-Marketing - Ideen schlagen Budget, 2006, S. 162f; vgl. dazu auch Langer, S., Viral Marketing, 2009, S. 29f.

[49] Vgl. Langer, S., Viral Marketing, 2009, S. 75.

senmedien, z.B. Fernsehsendungen, Rundfunkberichterstattungen, Artikel, Tests oder speziell im Internet Suchmaschinen, soziale Netzwerke oder Weblogs.[50] Durch das rasante Wachstum des Internets hat das Online-Viral Marketing einen großen Schritt nach vorne gemacht. Die Verbreitungszeit ist wesentlich kürzer und die Menge der erreichbaren potentiellen Kunden um ein Vielfaches größer als noch vor einigen Jahren geworden.[51]

Die Streuung viraler Kampagnen kann über nachfolgende Arten erfolgen:

- Mund-zu-Mund-Propaganda,
- mobile Dienste (wie SMS, MMS),
- E-Mail-Weiterleitungen oder -Empfehlungen,
- Tell-A-Friend-Funktionen im Internet,
- Chats, Internetforen oder Weblogs,
- Portale und soziale Netzwerke (z.B. YouTube, Facebook etc.).[52]

Rund 70% aller Kaufentscheidungen werden vom sozialen Umfeld (Familie, Freunde und Bekannte) beeinflusst, da Informationen und Botschaften innerhalb dieses sozialen Netzwerkes als glaubwürdiger und vertrauensvoller angesehen werden.[53] Darauf baut Viral Marketing auf; das Unternehmen benutzt den Kunden als Werbeträger innerhalb seines sozialen Umfeldes, wobei der dieser seine Weiterempfehlung nicht als Werbung wahrnimmt.[54]

---

[50] Vgl. Langer, S., Viral Marketing, 2009, S. 75.
[51] Vgl. Nufer, G.; Bender, M., Guerilla Marketing, 2008, S. 13.
[52] Vgl. Schulte, T., Guerilla-Marketing für Unternehmertypen, 2007, S. 59.
[53] Vgl. Jäckel, M., Guerilla-Marketing, 2007, S. 9.
[54] Vgl. Langer, S., Viral Marketing, 2009, S. 25.

3.1.2 Ziele

Viral Marketing umfasst das gezielte Auslösen von Kommunikation innerhalb von Kundenzielgruppen.[55] Das oberste Ziel ist es, in möglichst kurzer Zeit möglichst vielen Rezipienten eine Werbeinformation zu vermitteln.[56] Durch Multiplikatoren wird eine exponentiell ansteigende Zahl von Kontakten ermöglicht, dies führt zu einer schnellen Verbreitung der Botschaft.[57] Essenziell für erfolgreiches Viral Marketing ist, dass die Marketingkampagnen eine hohe öffentliche Aufmerksamkeit erzeugen. Der eigentliche Empfänger der Werbebotschaften wird dann selbst zum Werbeträger für den Anbieter, indem die Botschaft persönlich weitergibt,[58] z.B. in Form einer Weiterleitung im Internet, nach dem Motto „schau' dir das mal an".

3.1.3 Praxisbeispiel

Wie Viral Marketing funktioniert, wird am „Fall Mary Woodbridge" deutlich, der im Jahre 2006 für Furore sorgte:[59]

Um bei ihren täglichen Spaziergängen vor Wind und Wetter geschützt zu sein, kauft die 85-jährige Britin Mary Woodbridge eine Jacke der Marke Mammut Sports. Dann fasst die völlig untrainierte Rentnerin einen Plan: Sie will den Mount Everest besteigen. Da Woodbridge für ihr Unternehmen Geld braucht, verschickt sie E-Mails an bekannte Bergsportausrüster und Tageszeitungen weltweit. Sie bittet diese um ein Sponsoring ihrer Everest-Expedition. In Berg-

---

[55] Vgl. Schulte, T., Guerilla-Marketing für Unternehmertypen, 2007, S. 58.
[56] Vgl. Nufer, G.; Bender, M., Guerilla Marketing, 2008, S. 14.
[57] Vgl. Frosch-Wilke, D., Marketing-Kommunikation im Internet, 2002, S. 233.
[58] Vgl. Huber, F.; Meyer, F.; Nachtigall, C., Guerilla-Marketing, 2009, S. 7.
[59] Vgl. persoenlich.com, Mit Everest-Oma den Medien einen „Mammut" aufgebunden, 2006, http://www.persoenlich.com/news/show_news.cfm?newsid=58496, Abrufdatum: 03.05.2010; vgl. dazu auch Jackisch, S., Verboten gute Werbung, 2010, http://www.spiegel.de/wirtschaft/service/0,1518,667651,00.html, Abrufdatum: 30.04.2010.

sportforen im Internet fragt sie nach Tipps. Auf ihrer Homepage, die ihr Enkel erstellte, kündigt sie ihr Vorhaben an. Die Nachricht vom Plan der 85-jährigen verbreitet sich rasend schnell und Woodbridge, ihr Vorhaben und ihre Website werden auf einen Schlag berühmt. Über 250 Internetportale, Radiostationen, Zeitungen und Zeitschriften aus aller Welt berichten über den ungewöhnlichen Plan und die Website.[60] Die Bergsport-Gemeinschaft rätselt, ob das Vorhaben der alten Dame bewundernswert oder verrückt sei.

Da Mary Woodbridge stets eine Jacke von Mammut trägt, sieht sich der Schweizer Bergsportausrüster einige Wochen später verantwortlich, vor leichtsinnigen Vorhaben wie einer Everest-Expitidion zu warnen. Entsprechend weist Mammut nun auf Marys Homepage hin: *„Warnung: Mit so guter Ausrüstung kann man sich leicht zu sicher fühlen."*[61]

Spätestens jetzt war klar: Sowohl Mary Woodbrige als auch ihre Geschichte sind von Mammut ins Leben gerufen worden. Marketingchef Michael Gyssler erklärte: *„Wir haben uns für diese Marketingform entschieden, um die sonst nur schwer via Werbung anzusprechende Hardcore-Szene der Kletterer und Alpinisten, zu erreichen."*[62] Später wurde die viral gestartete Kampagne mit klassischen Werbemaßnahmen ergänzt. So war Woodbridge z.B. als Pappaufsteller am Point of Sale zu sehen.

---

[60] Vgl. Schulte, T., Guerilla-Marketing für Unternehmertypen, 2007, S. 64.
[61] mary-woodbridge.co.uk, Mary Woodbridge's Everest Expedition, 2006, http://www.mary-woodbridge.co.uk, Abrufdatum: 03.05.2010.
[62] persoenlich.com, Mit Everest-Oma den Medien einen „Mammut" aufgebunden, 2006, http://www.persoenlich.com/news/show_news.cfm?newsid=58496, Abrufdatum: 03.05.2010.

Abb. 3: Mary Woodbridge plant eine Everest-Expedition
Quelle: Spiegel Online, 2010,
http://www.spiegel.de/wirtschaft/service/667651,00.html, Abrufdatum: 04.05.2010

Abb. 4: Die Kampagne sorgt für Gesprächsstoff
Quelle: persoenlich.com, 2006,
http://www.persoenlich.com/news/newsid=58496, Abrufdatum: 04.05.2010

3.2 Ambush-Marketing

3.2.1 Charakterisierung

Das englische Wort *ambush* bedeutet übersetzt Hinterhalt.[63] Schon daraus lässt sich erahnen, dass es sich um eine besonders heimtückische Guerilla-Strategie handelt. Ambush-Marketing, das auch als Trittbrettfahrer-Marketing oder Parasiten-Marketing bezeichnet wird,[64] stellt eine kostengünstige Variante des Sponsorings dar, die darauf beruht, von Kampagnen und Events anderer zu profitieren, ohne selbst Sponsor zu sein und sich finanziell daran zu beteiligen.[65] Es existieren einige Definitionen von Ambush-Marketing, die meisten davon aus dem englischen Sprachraum.[66]

Eine der wenigen deutschen Definitionen liefert Nufer, der Ambush-Marketing bezeichnet als „ [...] *Vorgehensweise von Unternehmen, dem direkten und indirekten Publikum durch eigene Kommunikationsmaßnahmen eine autorisierte Verbindung zu einem Event zu signalisieren, obwohl das Unternehmen keine legalisierten oder lediglich unterprivilegierte Vermarktungsrechte an dieser (von Dritten gesponserten) Veranstaltung besitzt*"[67]. Während die offiziellen Sponsoren für den Kontakt mit der Zielgruppe hohe finanzielle Mittel aufbringen müssen, versucht man beim Ambush-Marketing mit Hilfe von ungewöhnlichen, überraschenden und provokanten Aktionen, das Augenmerk auf das eigene Unternehmen zu lenken.[68] Dadurch wird die kommunikative Wirkung des offiziellen Sponsoren, der meist ein Wettbewerber aus der gleichen Branche ist, gezielt geschwächt, weshalb sich Ambush-Marketing auch oft in einer rechtlichen Grauzone bewegt.[69]

---

[63] Vgl. Förster, A.; Kreuz, P., Marketing-Trends, 2006, S. 51.
[64] Vgl. Schulte, T., Guerilla-Marketing für Unternehmertypen, 2007, S. 74.
[65] Vgl. Patalas, T., Guerilla-Marketing - Ideen schlagen Budget, 2006, S. 67.
[66] Vgl. Bruhn, M.; Ahlers, G., Ambush-Marketing, 2003, S. 272 f.
[67] Nufer, G., Event-Marketing, 2006, S. 211.
[68] Vgl. Schminke, L.; Koch, K.; Reimuth, C., Guerilla-Marketing, 2007, S. 37.
[69] Vgl. Liebetrau, M., Ambush-Marketing, 2007, S. 13.

Der Schwerpunkt des Ambush-Marketing liegt im Bereich des Sports, es ist jedoch grundsätzlich nicht an Sportevents gebunden und kann genauso bei Sponsoringaktivitäten wie Kultur-, Sozial-, oder Umweltsponsoring erfolgen.[70]

3.2.2 Ziele

Ambush-Marketing zielt darauf ab, ohne Übernahme einer offiziellen Sponsortätigkeit mit einem bestimmten Ereignis in Verbindung gebracht zu werden.[71] Das Hauptziel besteht aus dem direkten Angriff auf offizielle Sponsoren und der bewussten Irreführung der Zuschauer, die dazu führen soll, dass diese nicht mehr zwischen „Ambusher" und offiziellem Sponsor unterscheiden können.[72] Der Ambush-Marketer verfolgt dabei dieselben Ziele wie ein offizieller Sponsor: von einem Imagetransfer vom Event hin zum Unternehmen zu profitieren.[73] Obwohl Ambush-Marketing vor allem im Bereich des Sponsoring eine Rolle spielt, muss es nicht ausschließlich darauf beschränkt sein, es kann sich ebenfalls auf die Produkt-, Preis- oder Distributionspolitik beziehen.[74]

3.2.3 Praxisbeispiel

Ein eindrucksvolles Beispiel für Ambush-Marketing lieferte der Sportartikelhersteller Nike mit der Aktion *Go Heinrich Go!*. Nike sponserte den 78-jährigen Läufer Heinrich Blümchen, der am Berlin-Marathon teilnahm, einem der größten und bedeutendsten Marathonläufe weltweit. Blümchen wurde komplett mit Laufausrüstung von Nike ausgestattet und medienwirksam in Szene gesetzt: Rund um die Laufstrecke wurden begleitend Plakate installiert und im Vorfeld

---

[70] Vgl. Pechtl, H., Trittbrettfahren bei Sportevents, 2007, S. 1.
[71] Vgl. Pechtl, H., Trittbrettfahren bei Sportevents, 2007, S. 3.
[72] Vgl. Bruhn, M.; Ahlers, G., Ambush-Marketing, 2003, S. 272ff.
[73] Vgl. Nufer, G., Event-Marketing, 2006, S. 212.
[74] Vgl. Nufer, G.; Bender, M., Guerilla Marketing, 2008, S. 22.

stellte Nike eine „Heinrich-Zeitung" zusammen. Der Rentner beendete den Marathon erfolgreich, was zu einer enormen Resonanz in den Medien führte.[75] Das Brisante an dieser Aktion folgt aus der Tatsache, dass der direkte Konkurrent Adidas mit einem hohen Budget Hauptsponsor des Berlin-Marathons war. Das Medien- und Publikumsinteresse war jedoch Dank der Aktion auf Nike gerichtet, eine Assoziation mit dem Sportevent war dem Unternehmen sicher. Somit schuf Nike eine unkonventionelle Marketing-Aktion, die die kommunikative Wirkung des Hauptsponsors und Konkurrenten Adidas schwächte.[76]

Abb. 5: Plakat zur Aktion *Go Heinrich Go!*
Quelle: kenniscentrum, 2008, http://weblogs.vpro.nl/kenniscentrum/hot-spot-guerillamarketing, Abrufdatum: 03.05.2010

---

[75] Vgl. Schulte, T., Guerilla-Marketing für Unternehmertypen, 2007, S. 76.
[76] Vgl. Zerr, K., Guerilla-Marketing in der Kommunikation, 2005, S. 469.

3.3 Ambient Media

3.3.1 Charakterisierung

Ambient Media, auch Ambient Marketing oder Ambient Advertising genannt,[77] ist „ [...] Werbung, die uns umgibt, wo immer wir uns aufhalten."[78]

Um eine hohe Werbeaufmerksamkeit zu erreichen, erfolgt die Übermittlung der Werbebotschaft hier beispielsweise in der Diskothek, an Zapfsäulen oder im Pissoir.[79] Das Konzept bedient sich auch sonderbarer Werbeträger wie Pizzakartons, Gullideckel etc., um die Zielgruppe in ihrer gewohnten Umgebung anzusprechen. Die Platzierung der Medien kann an folgenden Orten durchgeführt werden (vgl. Abb. 6):

- Out-of-Home (z.B. auf der Straße oder in öffentlichen Transportmitteln),
- Trend- und Szenegastronomie (z.B. Bars, Kinos),
- Fitnesscenter, Sportstudios, Schwimmbäder etc.,
- Point of Sale (z.B. Supermärkte, Videotheken, Bäckereien),
- Point of Education (z.B. Universitäten, Schulen, Kindergärten),
- Zu Hause (beispielsweise auf Pizzakartons).[80]

---

[77] Vgl. Schulte, T., Guerilla-Marketing für Unternehmertypen, 2007, S. 84.
[78] Förster, A.; Kreuz, P., Marketing-Trends, 2006, S. 39.
[79] Vgl. Patalas, T., Guerilla-Marketing - Ideen schlagen Budget, 2006, S. 70.
[80] Vgl. Schulte, T., Guerilla-Marketing für Unternehmertypen, 2007, S. 84.

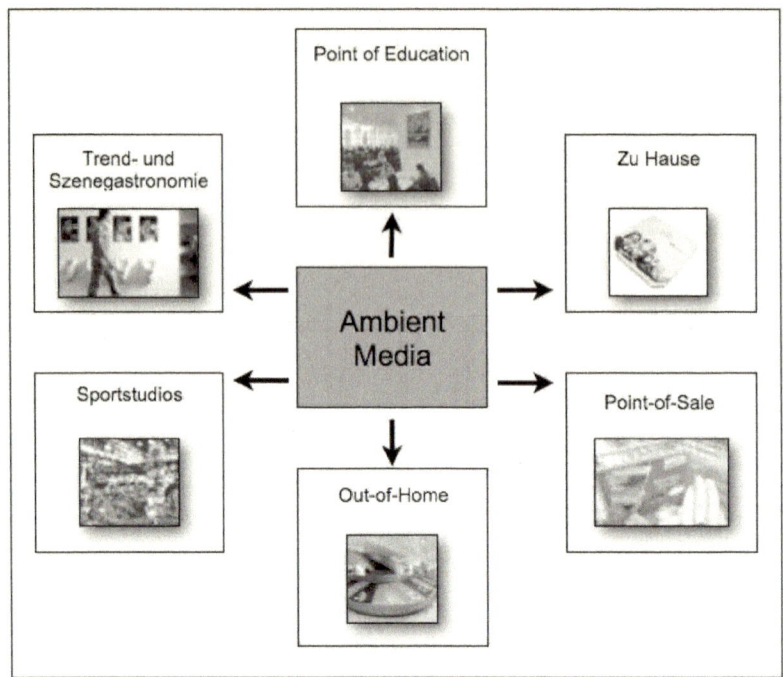

Abb. 6: Mögliche Örtlichkeiten für Ambient Medien
Quelle: eigene Darstellung in Anlehnung an:
Nufer, G.; Bender, M., Guerilla Marketing, 2008, S. 16

Ambient Media ist ein weitreichender Begriff, der an traditionelle Werbemaßnahmen angelehnt ist.[81] „*Es ist eine Art Ausprägung klassischer Plakatwerbung, die sich individuell an die einzelnen Zielgruppen anpassen lässt.*"[82] Hauptbestandteile stellen dabei zwei Faktoren dar: Spaß und Unterhaltung.[83] Dadurch, dass Ambient Medien im direkten Lebensumfeld der Empfänger platziert sind, werden sie nicht als störend, sondern eher als sympathisch und originell angesehen; während klassische Werbung die Freizeitbeschäftigung unterbricht, gliedert sich Ambient Media darin ein.[84] Der Übergang zu Sensation Marketing ist

---

[81] Vgl. Förster, A.; Kreuz, P., Marketing-Trends, 2006, S. 40.
[82] Nufer, G.; Bender, M., Guerilla Marketing, 2008, S. 16.
[83] Vgl. Patalas, T., Guerilla-Marketing - Ideen schlagen Budget, 2006, S. 70.
[84] Vgl. Wehleit, K., Ambient Media, 2003, S. 17.

fließend, kann jedoch durch die Merkmale Buchbarkeit und Wiederholbarkeit abgegrenzt werden.[85]

3.3.2 Ziele

Ziel von Ambient Media Kampagnen ist es, eine Zielgruppe präzise und ohne Streuverluste anzusprechen.[86] Ganz im Sinne der Guerilla-Marketing-Philosophie soll größtmögliche Aufmerksamkeit mit möglichst geringem finanziellen Aufwand erzeugt werden.[87] Ambient Medien erfreuen sich immer größerer Beliebtheit in der Marketingpolitik der Unternehmen. Im Jahr 2008 setzten bereits 76% der werbenden deutschen Unternehmen Ambient Media Formate ein.[88] Ein Grund dafür ist, dass im Gegensatz zur Fernsehwerbung Wegzappen oder Abschalten nicht möglich ist. Die Empfänger können sich der Werbung kaum entziehen. Aufgrund der ungewöhnlichen Darstellung ergibt sich eine hohe Kontaktqualität und eine große Akzeptanz innerhalb der Zielgruppe.[89]

3.3.3 Praxisbeispiele

Im Januar 2005 platzierte die Fluggesellschaft easyJet rund 100.000 „Coffee-to-go"-Becher in 180 Bäckereien. Die Becher mit der Aufschrift „Café au lait, 26,99 € (Paris inklusive)" sorgten für große Aufmerksamkeit.[90]

---

[85] Vgl. Förster, A.; Kreuz, P., Marketing-Trends, 2006, S. 41.
[86] Vgl. Wehleit, K., Ambient Media, 2003, S. 5.
[87] Vgl. Huber, F.; Meyer, F.; Nachtigall, C., Guerilla-Marketing, 2009, S. 8.
[88] Vgl. Fachverband Ambient Media e.V., space manual, 2008, S.49.
[89] Vgl. Jäckel, M., Guerilla-Marketing, 2007, S. 6.
[90] Vgl. Schulte, T., Guerilla-Marketing für Unternehmertypen, 2007, S. 93.

Abb. 7: Aufmerksamkeitserregender Kaffeebecher
Quelle: ambermedia, o.J., http://www.ambermedia.de, Abrufdatum: 30.04.2010

Vor allem öffentliche Toiletten sind von den Werbetreibenden als Ort entdeckt worden, in dem der Empfänger weitestgehend frei von Reizen bleibt und somit eine erhöhte, fast schon zwanghafte Aufmerksamkeitswirkung generiert werden kann.[91] Im Handwaschbecken oder Pissoir finden sich immer häufiger Aufkleber mit Werbebotschaften. Die Besonderheit: Durch den Kontakt mit einer warmen Flüssigkeit verändert sich der Werbeträger und eine vorher unsichtbare Botschaft wird dann sichtbar.[92]

Abb. 8: Überraschungswerbung auf öffentlicher Toilette
Quelle: Pissit, o.J., http://www.pissit.com, Abrufdatum: 30.04.2010

---

[91] Vgl. Nufer, G., Event-Marketing, 2006, S. 8.
[92] Vgl. Schulte, T., Guerilla-Marketing für Unternehmertypen, 2007, S. 93.

Eine Ambient Media Kampagne der Düsseldorfer Agentur Grey Worldwide für das bekannte Putzmittel Meister Proper von Procter & Gamble ließ die Düsseldorfer Fußgänger im Jahr 2006 staunen: In der Innenstadt wurde ein leicht in die Jahre gekommener Zebrastreifen teilweise strahlend weiß gestrichen und mit dem Meister Proper-Logo versehen.[93]

Es gab keinen Text, um nicht vom Verkehr abzulenken, dafür aber einen einzigen schneeweißen Streifen unter vielen grauen.[94] Durch diese Aktion wurde große Aufmerksamkeit mit wenig Aufwand erzeugt. Die Aussage: *„Meister Proper putzt so sauber, er macht sogar Zebrastreifen wieder tadellos rein."*[95]

Abb. 9: Meister Proper auf Zebrastreifen
Quelle: Ströer, 2006,
http://www.stroeer.de/markt_news.1049.0.html?newsid=1213, Abrufdatum: 21.04.2010

---

[93] Vgl. stroeer.de, Zebrastreifen wird zur Außenwerbung, 2006, http://www.stroeer.de/markt_news.1049.0.html?newsid=1213, Abrufdatum: 21.04.2010.

[94] Vgl. Schulte, T., Guerilla-Marketing für Unternehmertypen, 2007, S. 11.

[95] stroeer.de, Zebrastreifen wird zur Außenwerbung, 2006, http://www.stroeer.de/markt_news.1049.0.html?newsid=1213, Abrufdatum: 21.04.2010.

3.4 Sensation Marketing

3.4.1 Charakterisierung

Sensation Marketing ist den Ambient Medien zum Verwechseln ähnlich. Während sich Ambient Medien jedoch an den klassischen Werbeformen der Außenwerbung orientieren und wiederholt einsetzbar sind, steht der Begriff des Sensation Marketing, auch Ambient Stunt genannt, für einzigartige, also nicht buchbare bzw. nicht wiederholbare Aktionen, die den Rahmen des Gewohnten sprengen und dadurch einen Überraschungseffekt auslösen.[96]

Die medienwirksamen Aktionen werden an strategisch interessanten, real existierenden Orten ausgeführt, beispielsweise dem Point-of-Sale. Die Frequentierung der Orte spielt dabei eine wichtige Rolle, um möglichst viel Aufsehen zu erregen. In den meisten Fällen finden die Aktionen Out-of-Home statt.[97]

3.4.2 Ziele

Die Erzeugung von Überraschungseffekten („AHA"- und „WOW"-Effekte) ist das Ziel des Sensation Marketing. Die Überraschung des Rezipienten über die außergewöhnliche Aktion ist notwendig für die Wahrnehmung des im Grunde kommerziellen Ereignisses als besonderes Erlebnis und dient somit der Verankerung im Kopf der Empfänger.[98] Wird eine Aktion mehrmals durchgeführt, so verliert sie das Element der Überraschung, weshalb Sensation Marketing Aktionen als nicht wiederholbar gelten.

Neben dem Überraschungseffekt ist auch eine ausreichende Medienpräsenz für eine erfolgreiche Sensation Marketing Aktion notwenig, da man nur eine relativ

---

[96] Vgl. Schulte, T., Guerilla-Marketing für Unternehmertypen, 2007, S. 40.
[97] Vgl. Nufer, G.; Bender, M., Guerilla Marketing, 2008, S. 18.
[98] Vgl. Huber, F.; Meyer, F.; Nachtigall, C., Guerilla-Marketing, 2009, S. 9.

geringe Anzahl an Empfängern direkt erreicht. Die Weiterverbreitung der Botschaft durch Medien, Presse und Mundpropaganda muss gewährleistet sein und durch außergewöhnliche Darbietungen angeregt werden.[99]

3.4.3 Praxisbeispiele

Ein Unternehmen, das immer wieder auf überraschende und aufmerksamkeitserregende Marketingmaßnahmen setzt, ist der britische Autohersteller MINI. Bei der Einführung eines neuen Modells 2001 wurde beispielsweise ein Wagen während eines Top-Basketball-Spieles in den USA unübersehbar auf den Zuschauerrängen platziert. Dies erregte sowohl bei den Zuschauern als auch bei den anwesenden Medienvertretern große Aufmerksamkeit und lieferte Gesprächsstoff für Millionen von Menschen. Einige Eintrittskarten sowie die Logistikkosten, um das Auto in die Halle zu bringen, sind hier den Produktions- und Schaltkosten für einen klassischen Werbespot gegenüberzustellen, wodurch diese Aktion eine hohe Werbeeffizienz erzielte.[100]

Abb. 10: MINI auf den Zuschauerrängen
Quelle: Guerilla Marketing Agentur, 2006,
http://www.guerilla-marketing.com/weblog/guerilla-werbung, Abrufdatum: 04.05.2010

---

[99] Vgl. Jäckel, M., Guerilla-Marketing, 2007, S. 8.

[100] Vgl. Huber, F.; Meyer, F.; Nachtigall, C., Guerilla-Marketing, 2009, S. 6; vgl. dazu auch Zerr, K., Guerilla-Marketing in der Kommunikation, 2005, S. 468.

Ein weiteres Beispiel für gelungenes Sensation Marketing: Die international agierende Fullservice-Werbeagentur TBWA entwarf im Auftrag des Sportartikelherstellers Adidas eine 64 Meter lange Installation, die an einem Autobahnzubringer des Münchner Flughafens platziert wurde. Die sogenannte *Oliver-Kahn-Brücke*, die sich während der Fußball-Weltmeisterschaft 2006 quer über die Autobahn erstreckte, sorgte weltweit für Aufsehen.[101]

Abb. 11: Die *Oliver-Kahn-Brücke* am Flughafen München
Quelle: Spiegel Online, 2007,
http://www.spiegel.de/wirtschaft/0,1518,471510,00.html, Abrufdatum: 07.05.2010

---

[101] Vgl. spiegel.de, Riesen-Kahn und Baumarkt-Wahn, 2007,
http://www.spiegel.de/wirtschaft/0,1518,471510,00.html,
Abrufdatum: 07.05.2010

3.5 Zwischenfazit

Die einzelnen Kommunikationsinstrumente des Guerilla-Marketing sind keinesfalls strikt voneinander getrennt; vielmehr wirken sie in der Praxis zusammen und bauen aufeinander auf. Eigenschaften wie Unkonventionalität und Effizienz sprechen für Ambient Media als wichtiges Instrument des Guerilla-Marketing, auch wenn es zum Teil an klassische Werbung erinnert. Bei den meist medienwirksam inszenierten Sensation Marketing Aktionen soll ein Imagetransfer von der ausgeführten Aktion zum Unternehmen hin auftreten, genau wie beim Ambush-Marketing, welches versucht, das Image eines Konkurrenten zu schwächen und sich selbst in der Öffentlichkeit positiv darzustellen, ohne dafür große finanzielle Aufwendungen getätigt zu haben. Erst durch Maßnahmen des Viral Marketing werden Ambient Media-, Sensation Marketing- und Ambush-Marketing-Aktionen erfolgreich, da die kostenlose Weiterverbreitung durch Mundpropaganda, das Internet und andere Medien die Empfängerzahl um ein Vielfaches erhöht. Die beschriebenen vier Instrumente sind die tragenden Säulen des Guerilla-Marketing innerhalb der Kommunikation (vgl. Abb. 12).

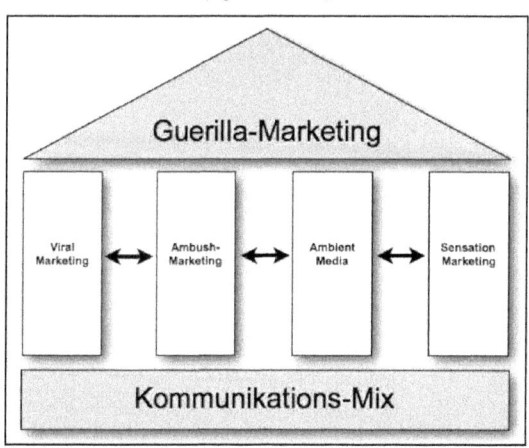

Abb. 12: Instrumentelle Säulen des Guerilla-Marketing
Quelle: eigene Darstellung in Anlehnung an:
Nufer, G.; Bender, M., Guerilla Marketing, 2008, S. 24

4 Instrumente außerhalb der Kommunikation

4.1 Guerilla Pricing

4.1.1 Charakterisierung

Guerilla-Marketing kann auch in der Preispolitik Anwendung finden. Unter Guerilla Pricing versteht man Guerilla-Marketing-Maßnahmen, die im Zusammenhang mit innovativen preispolitischen Entscheidungen stehen. Sie werden aggressiv und überraschend an die Konsumenten kommuniziert.[102]

4.1.2 Praxisbeispiel

Im Jahr 2004 startete Media Markt zur Fussball-EM in Portugal eine ungewöhnlichen Wette. Wer am 1. Juni 2004 in einer der Filialen einen Fernseher kaufte, sollte den vollen Kaufpreis zurückbekommen, sofern das deutsche Team Europameister wird. Die Aktion, die im Rahmen des 25-jährigen Media Markt Jubiläums gestartet wurde, lief unter dem Slogan *Die größte EM-Wette aller Zeiten - Fernseher für umsonst*. Tausende von Kunden deckten sich mit Fernsehern ein, die Nationalmannschaft schied jedoch vorzeitig aus. Media Markt überraschte daraufhin alle, die sich verspekuliert hatten, mit einer Gratis-DVD und machte somit aus den Verlierern schlussendlich doch noch Gewinner.[103]

Nach dieser äußerst erfolgreichen Aktion startete Media Markt in regelmäßigen Abständen neue Guerilla Pricing Aktionen.

---

[102] Vgl. Förster, A.; Kreuz, P., Marketing-Trends, 2006, S. 51.
[103] Vgl. Gödecke, C., Media Markt wettet gegen Rudi Völler, 2004,
https://www.spiegel.de/sport/fussball/0,1518,302252,00.html,
Abrufdatum: 25.03.2010.

Abb. 13: Media Markt Aktion *Die größte EM-Wette aller Zeiten*
Quelle: Spiegel Online, 2004,
https://www.spiegel.de/sport/fussball/0,1518,302252,00.html, Abrufdatum: 25.03.2010

4.2 Guerilla Producting

4.2.1 Charakterisierung

Als Guerilla Producting werden Maßnahmen bezeichnet, die im Zusammenhang mit dem eigentlichen Produkt als solches stehen. Der Guerilla-Marketing-Ansatz beeinflusst dabei produktpolitische Entscheidungen wie Verpackung, Form oder Namensgebung.[104]

4.2.2 Praxisbeispiel

Seit einiger Zeit werden unter der Marke Spreewaldhof nicht mehr nur Gurken im traditionellen Glas verkauft. Dem Konsumenten wird mit dem Produkt *Get One!* eine Spreewälder Gurke in einer modernen Ringpull-Weißblech-Dose angeboten: „*Get One!* ist der erfrischende und kalorienarme Snack für zwischen-

---

[104] Vgl. Schulte, T., Guerilla-Marketing für Unternehmertypen, 2007, S. 98.

durch oder der knackige Partyspaß."[105] Für rund einen Euro wird das Produkt an Tankstellen, in Supermärkten und sogar in Diskotheken verkauft.[106] Damit weichen sowohl die Verpackungsart als auch der Vertriebsweg hier klar von der Norm ab.

Abb. 14: *Get One!*: Gewürzgurke aus der Dose
Quelle: Spreewaldhof, 2010,
http://www.spreewaldhof.net/navh=017&seite=produktDetail, Abrufdatum: 25.03.2010

4.3 Guerilla Distributing

4.3.1 Charakterisierung

Guerilla Distributing sind Maßnahmen, die im Zusammenhang mit einem unkonventionellen Vertriebsweg eines Produktes oder einer Leistung vom Hersteller zum Endverbraucher stehen.[107]

---

[105] spreewaldhof.net, Produktbeschreibung „Get One!", 2010,
http://www.spreewaldhof.net/inhalt.php?navh=produkte&navu=shop_gurken&navs=shop_gurken_get-one&produkt=017&seite=produktDetail, Abrufdatum: 25.03.2010.

[106] Vgl. spreewaldhof.net, Produktbeschreibung „Get One!", 2010,
http://www.spreewaldhof.net/inhalt.php?navh=produkte&navu=shop_gurken&navs=shop_gurken_get-one&produkt=017&seite=produktDetail,
Abrufdatum: 25.03.2010.

[107] Vgl. Schulte, T., Guerilla-Marketing für Unternehmertypen, 2007, S. 98.

4.3.2 Praxisbeispiel

Ein Beispiel für Guerilla Distributing ist eine außergewöhnliche und originelle Idee zum Versand des 6. Bandes der bekannten Harry-Potter-Reihe. Das lang ersehnte Buch *Harry Potter und der Halbblutprinz* konnte ab 1. Oktober 2005 offiziell im Handel gekauft werden. Der Weltbild Verlag bot seinen Kunden jedoch eine Besonderheit an. Per *Lieferung zur Geisterstunde* konnten Fans das Buch vorbestellen und es sich in der Nacht vom 30. September zum 1. Oktober zwischen 0 Uhr und 2 Uhr zustellen lassen.

Durch diesen speziellen Service, der in Kooperation mit der Deutschen Post AG durchgeführt wurde, gehörten die Weltbild-Kunden zu den ersten, die das Buch in den Händen hielten.[108]

Abb. 15: Harry Potter zur Geisterstunde
Quelle: Presseportal, 2005,
http://www.presseportal.de/pm/14399/716157/weltbild_verlag, Abrufdatum: 24.03.2010

---

[108] Vgl. Schulte, T., Guerilla-Marketing für Unternehmertypen, 2007, S. 104;
vgl. dazu auch presseportal.de, „Magischer Service" von Weltbild, 2005,
http://www.presseportal.de/pm/14399/716157/weltbild_verlag,
Abrufdatum: 24.03.2010.

5 Möglichkeiten und Grenzen des Guerilla-Marketing

5.1 Stärken und Schwächen

Wie anhand Tabelle 2 deutlich wird, weist das Guerilla-Marketing zahlreiche Stärken, aber auch einige Schwächen auf.

Stärken des Guerilla-Marketing	Schwächen des Guerilla-Marketing
überwiegend geringe Kosten bei Werbemitteleinsatz	Erfolgskontrolle: Messbarkeit kaum möglich
kurze Planungsphase, schnelle Umsetzung	Uneinigkeit über Begriff und Einsatzmöglichkeiten
Einsatz neuer oder variierter Formen von Werbeträgern	wenig Know-How, unzureichende Kenntnisse
Schnelligkeit, Flexibilität	meist keine festen Werbeplätze
unkonventionelle Ideen mit Überraschungseffekt	hohe Aufmerksamkeit nur über einen geringen Zeitraum
Aktionen zum kurzfristigen und schnellen Imageaufbau	kaum geeignet zum langfristigen und nachhaltigen Markenaufbau

Tab. 2: Stärken und Schwächen des Guerilla-Marketing
Quelle: eigene Darstellung in Anlehnung an:
Toedter, C., Guerilla Marketing, 2006, S. 64

Für viele Unternehmen ist es eine geeignete Möglichkeit, mit einem geringen Mitteleinsatz einen möglichst großen Nutzen zu erzielen. Die Planung und Umsetzung von Guerilla-Marketing-Aktionen erfolgt oft schneller als bei klassischen Marketinginstrumenten. Zudem sorgen die außergewöhnlichen Aktionen für erhöhte Aufmerksamkeit beim Rezipienten. Durch Eigenschaften wie Schnelligkeit und Flexibilität können die Aktionen, die zum kurzfristigen Imageaufbau innerhalb kürzester Zeit geeignet sind, exakt an die Zielgruppe angepasst werden.[109]

Doch das Guerilla-Marketing hat auch Schwächen: Ein großes Manko stellt die nur geringfügig mögliche Erfolgsmessung dar (vgl. Abschnitt 5.3). Ebenso sind mangelnde Erfahrung seitens der werbetreibenden Industrie und fehlende Kenntnisse der Agenturen eine Schwäche von Guerilla-Marketing-Maßnahmen, genauso wie Uneinigkeit über die Begriffsdefinition und unterschiedliche Auffassungen bzgl. der Erscheinungsformen.[110] Da Guerilla-Marketing-Aktionen meist den Charakter der Einfachheit aufweisen, sind sie nur als Begleitung zum herkömmlichen Marketing-Mix zu verstehen. Eine langfristige Kommunikation ausschließlich mit Guerilla-Marketing-Maßnahmen ist beispielsweise nicht anwendbar, da Guerilla-Marketing selten nachhaltig wirkt und nur kurzfristig zu hoher Aufmerksamkeit führt.[111]

5.2 Chancen und Risiken

Guerilla-Marketing ist überall dort, wo niemand es erwartet. Die inhaltliche Einbettung der Werbebotschaft ist hierbei wesentlich wichtiger als beim klassischen Marketing, wodurch sich die Chance ergibt, dass sowohl die Reichweite der Botschaft als auch die Kontaktqualität erhöht und Streuverluste minimiert werden können.[112] Die Dynamik und Spontaneität des Guerilla-Marketing-Konzeptes kann dazu führen, dass die Konsumenten eine erhöhte Bereitschat zur Interaktion mit dem werbenden Unternehmen entwickeln und gleichzeitig neue Zielgruppen angesprochen werden. Die Botschaften von Guerilla-Marketing-Aktionen wirken emotional und können dazu verhelfen, einen positiven Bezug auf

---

[109] Vgl. Toedter, C., Guerilla Marketing, 2006, S. 64f.
[110] Vgl. GFK GROUP, GfK-Studie zur Nutzung Alternativer Werbeformen, 2007, http://www.robertundhorst.de/v2/img/downloads/gfkstudie_2007.pdf, Abrufdatum: 23.04.2010.
[111] Vgl. Toedter, C., Guerilla Marketing, 2006, S. 64f.
[112] Vgl. Nufer, G.; Bender, M., Guerilla Marketing, 2008, S. 24.

Marke oder Unternehmen beim Konsumenten herzustellen. Durch eine Guerilla-Marketing-Aktion kann eine Abgrenzung von Maßnahmen der Konkurrenz erfolgen. Die Umsetzung der Aktionen erfolgt dabei an Orten, an denen das konventionelle Marketing an seine Grenzen stößt.[113]

Guerilla-Marketing muss jedoch nicht immer nur Vorteile mit sich führen. Im Gegenteil, in den Prinzipien des Guerilla-Marketing (vgl. Abschnitt 2.4) stecken sogar einige nicht zu unterschätzende Risiken:

- Um Aufmerksamkeit zu erregen setzt man beim Guerilla-Marketing auf überraschende Aktionen. Werden diese jedoch wiederholt durchgeführt, können sie ihren Reiz verlieren. Sie werden dann vom Konsumenten abgelehnt und verfehlen ihre Ziele.[114]

- Guerilla-Marketing ist rebellisch. Daher liegt es in seiner Natur, dass es sich zum Teil in rechtlichen, moralischen oder ethischen Grauzonen bewegen kann. Vor allem die provokanten Ambush-Marketing-Aktionen können rechtliche Konsequenzen mit sich bringen.[115] Desweiteren besteht bei allen Instrumenten des Guerilla-Marketing die Gefahr, dass die Botschaft von den Rezipienten zwar registriert, jedoch negativ bewertet wird, weil die Inhalte der Botschaft individuelle moralische oder ethische Grenzen überschreiten.[116]

- Guerilla-Marketing-Aktionen sind ansteckend. Jede Aktion zielt darauf ab, virale Effekte auszulösen. Die wohl größte Gefahr des Guerilla-Marketing besteht darin, dass einmal angestoßene Kommunikation innerhalb der Öffentlichkeit nur schwer kontrollierbar ist.[117] Bei Kampagnen, die negativ

---

[113] Vgl. Toedter, C., Guerilla Marketing, 2006, S. 66.
[114] Vgl. Zerr, K., Guerilla-Marketing in der Kommunikation, 2005, S. 472.
[115] Vgl. Toedter, C., Guerilla Marketing, 2006, S. 39f.
[116] Vgl. Zerr, K., Guerilla-Marketing in der Kommunikation, 2005, S. 471.
[117] Vgl. Zerr, K., Guerilla-Marketing in der Kommunikation, 2005, S. 472.

bewertet werden, kann dies zu einer starken Imageschwächung des Werbetreibenden führen.

5.3 Kosten und Erfolgskontrolle

Nach dem Grundsatz „Kreativität spart Kosten" gilt Guerilla-Marketing als effiziente bzw. kostengünstige Form der Kundengewinnung.[118] Es geht nicht darum, Geld zu investieren, sondern vor allem Energie und Fantasie.[119] Die reinen Mediakosten für Guerilla-Marketing-Aktionen innerhalb der Kommunikation sind wesentlich geringer als die für klassische Werbung. Bewertet man den Zeitaufwand für die Ausarbeitung der Aktionen jedoch als Geldfaktor, dann können, abhängig vom Planungsaufwand der jeweiligen Aktion, die finanziellen Aufwendungen für Guerilla-Marketing auf dem Niveau der Kosten für konventionelle Kommunikationsmaßnahmen liegen.[120]

Die Praxis zeigt, dass beim Guerilla-Marketing nur unzureichende Kontrollmöglichkeiten im Vergleich zu Erfolgsmessungen im Bereich der klassischen Instrumente des Marketing-Mix existieren.[121] Die Wirkung der Aktionen auf die Zielgruppe und ein eventueller Anstieg der Verkaufszahlen aufgrund der unkonventionellen Aktionen sind nur schwer zu ermitteln, vor allem, weil Guerilla-Marketing als begleitende Strategie zum herkömmlichen Marketing-Mix eingesetzt wird. Grundsätzlich kann der Erfolg von Guerilla-Marketing-Aktionen mit den klassischen Methoden und Instrumenten der Werbewirkungsforschung gemessen werden. Ob eine Aktion erfolgreich war, lässt sich beispielsweise durch Kundenbefragungen ermitteln. Diese können direkt vor Ort, schriftlich, telefonisch oder online durchgeführt werden.[122] Durch das Internet ergibt sich außer-

---

[118] Vgl. Patalas, T., Guerilla-Marketing - Ideen schlagen Budget, 2006, S. 83.
[119] Vgl. Levinson, J. C., Die 100 besten Guerilla-Marketing-Ideen, 2000, S. 21f.
[120] Vgl. Toedter, C., Guerilla Marketing, 2006, S. 65.
[121] Vgl. Toedter, C., Guerilla Marketing, 2006, S. 65.
[122] Vgl. Stumpf, M., Erfolgskontrolle der Integrierten Kommunikation, 2005, S. 16ff.

dem die Möglichkeit der Auswertung von Abrufstatistiken (*Logfiles*).[123] Hierbei können die Verhaltensweisen der Besucher einer Website betrachtet und analysiert werden. Weitere Instrumente zur Messung der Werbewirksamkeit von Guerilla-Marketing-Aktionen sind z.B. Pre-Tests, integrierte Responseelemente und die Auswertung von Presseberichten.[124] Bei diesen Betrachtungen sind immer auch externe Faktoren (z.B. zyklische Schwankungen oder der Wegfall eines Konkurrenzproduktes) zu berücksichtigen.

Die Auswirkungen von Guerilla-Marketing-Maßnahmen auf den Unternehmenserfolg sind trotz der genannten Kontrollinstrumente kaum an genauen Zahlen festzumachen, ein Teil Spekulation ist bei der Erfolgskontrolle immer nötig, nicht zuletzt, da auch der Zeitgeist in Bezug auf das Verhalten der Konsumenten eine wichtige Rolle spielt.

6 Fazit und Ausblick

Bedingt durch den immer weiter ansteigenden Wettbewerbsdruck und der zunehmenden Überflutung der Konsumenten mit Werbebotschaften steigt die Zahl der Unternehmen, die nach alternativen Möglichkeiten suchen, um ihre Kunden zu erreichen. Guerilla-Marketing ist solch ein alternativer Ansatz im Marketing. Im Gegensatz zu den klassischen Werbeformen wird die Werbebotschaft einer Guerilla-Marketing-Aktion wegen ihres überraschenden und spektakulären Charakters nicht ignoriert, sondern bleibt in Erinnerung und schafft Gesprächsstoff innerhalb der gewünschten Zielgruppe.

Guerilla-Marketing ist dabei weniger als Maßnahme zu betrachten, die den Marketing-Mix ersetzt, sondern vielmehr als eine begleitende Marketingstrate-

---

[123] Vgl. Roeper, N., Möglichkeiten der Erfolgskontrolle im Marketing, 2009, http://www.existxchange.de/blog/marketing-und-vertrieb/marketing-moeglichkeiten-der-erfolgskontrolle-im-marketing, Abrufdatum: 13.05.2010.
[124] Vgl. Stumpf, M., Erfolgskontrolle der Integrierten Kommunikation, 2005, S. 16ff.

gie, die mittels der Kommunikationsinstrumente Viral Marketing, Ambient Media, Sensation Marketing und Ambush-Marketing sowie strategischer Maßnahmen in der Preis-, Produkt- und Distributionspolitik als Ergänzung zum klassischen Marketing umgesetzt wird.

In den USA sind die Instrumente des Guerilla-Marketing sowohl bei kleinen und mittelständischen Unternehmen als auch bei Großkonzernen bereits fest in die Marketingstrategien integriert.[125] In Deutschland ist das Konzept weiter auf dem Vormarsch und gewinnt immer mehr an Bedeutung: Eine 2007 durchgeführte GfK-Marktforschungsstudie zur Nutzung alternativer Werbeformen zeigt deutlich, dass Guerilla-Marketing, insbesondere Ambient- und Viral Marketing, bereits zum festen Bestandteil des Instrumentariums von Werbeagenturen geworden ist und dass sich dieser Trend weiterhin verstärken wird.[126]
In Zukunft wird Guerilla-Marketing also in seiner Anwendungshäufigkeit und Bedeutung weiter zunehmen, jedoch immer eine punktuelle Strategie bleiben, nicht zuletzt, weil Aktionen, die zu oft wiederholt werden, ihren Reiz verlieren können. Zudem dürfen, obwohl Guerilla-Marketing ein hohes Maß an Chancen für Unternehmen bietet, die Risiken, die dieses Konzept beinhaltet, nicht unterschätzt werden. Die Botschaft kann von den Rezipienten unter Umständen negativ aufgenommen werden und die Diskussion innerhalb der Öffentlichkeit ist nur schwer kontrollierbar, wenn sie erst einmal angestoßen ist.
Die klassischen Instrumente der Kommunikations-, Preis-, Produkt- und Distributionspolitik werden daher auch in Zukunft Hauptbestandteile des Marketing-Mix der Unternehmen bleiben.

Mit dieser Arbeit wurde demonstriert, wie Guerilla-Marketing neue Wege einschlägt und somit die vielfältigen Möglichkeiten im Marketing aufzeigt. Das Konzept geht mit der Zeit; es ist dynamisch, erfindet sich immer wieder neu und ergänzt somit die konventionellen Methoden des Marketing. Mit abschließen-

---

[125] Vgl. Huber, F.; Meyer, F.; Nachtigall, C., Guerilla-Marketing, 2009, S. 121.
[126] Vgl. GFK GROUP, GfK-Studie zur Nutzung Alternativer Werbeformen, 2007, http://www.robertundhorst.de/v2/img/downloads/gfkstudie_2007.pdf, Abrufdatum: 23.04.2010.

dem Zitat von Franz Kuttelwascher soll der Kerngedanke des Guerilla-Marketing auf den Punkt gebracht werden:

„*Guerilla-Marketing ist kein netter einmaliger Event. Vielmehr geht es um das Überwinden von Denk- und Handlungsmustern, um das Managen des Unvorstellbaren, um das Begreifen von Revolution als tägliche Übung.*"[127]

---

[127] Kuttelwascher, F., Mao für Kapitalisten, 2006, S. 30.

Literaturverzeichnis

Bruhn, Manfred; Ahlers, Grit [Ambush-Marketing, 2003]: Ambush-Marketing - Angriff aus dem Hinterhalt oder intelligentes Marketing?, in: Jahrbuch der Absatz- und Verbraucherforschung, GfK Nürnberg e.V. (Hrsg.), Ausgabe 3/ 2003.

Esch, Franz-Rudolf [Wirkung integrierter Kommunikation, 2006]: Wirkung integrierter Kommunikation, 4. Auflage, Wiesbaden: Deutscher Universitäts-Verlag, 2006.

Fachverband Ambient Media e.v. [space manual, 2008]: space manual - Das Handbuch zur Eroberung unentdeckter Räume und Welten, 1. Auflage, Berlin: Amberpress, 2008

Förster, Anja; Kreuz, Peter [Marketing-Trends, 2006]: Marketing-Trends: Innovative Konzepte für Ihren Markterfolg, 2., überarbeitete Auflage, Wiesbaden: GWF Fachverlage, 2006.

Frosch-Wilke, Dirk [Marketing-Kommunikation im Internet, 2002]: Marketing-Kommunikation im Internet, Theorie, Methoden und Praxisbeispiele vom One-to-One bis zum Viral Marketing, 1. Auflage, Braunschweig/Wiesbaden: Vieweg & Sohn Verlagsgesellschaft mbH, 2002.

Guerilla: Artikel in: Die Zeit - Das Lexikon in 20 Bänden, Band 6, Hamburg: Zeitverlag, 2005.

Guevara, Ernesto Che [Guerillakampf und Freiheitsbewegung, 2007]: Ausgewählte Werke in Einzelausgaben: Band 1: Guerillakampf und Freiheitsbewegung, Neuauflage, Bonn: Pahl Rugenstein Verlag Nachfolger GmbH, 2007.

Häusel, Hans-Georg [Brain View, 2008]: Brain View. Warum Kunden kaufen, 2. Auflage, Planegg: Haufe Verlag, 2008.

Huber, Frank; Meyer, Frederik; Nachtigall, Corinna [Guerilla-Marketing, 2009]: Guerilla-Marketing als kreative Werbeform. Eine empirische Analyse am Beispiel der Marke MINI, 1. Auflage, Lohmar: Josef Eul Verlag, 2009.

Jäckel, Markus [Guerilla-Marketing, 2007]: Guerilla-Marketing - Grundlagen, Instrumente und Beispiele, in: Drees, Norbert (Hrsg.): Erfurter Hefte zum angewandten Marketing, Heft 15, S. 3-12, 2007.

Kuttelwascher, Franz [Mao für Kapitalisten, 2006]: Guerilla-Marketing erobert langsam die Chefetagen. Mao für Kapitalisten, in: Absatzwirtschaft, Heft 7/2006, S. 30-34, 2006.

Kroeber-Riel, Werner; Esch, Franz-Rudolf [Strategie und Technik der Werbung, 2004]: Strategie und Technik der Werbung. Verhaltenswissenschaftliche Ansätze, 6. Auflage, Stuttgart: Kohlhammer Verlag, 2004.

Langer, Sascha [Viral Marketing, 2009]: Viral Marketing: Wie Sie Mundpropaganda gezielt auslösen und Gewinn bringend nutzen, 3., erweitere Auflage, Wiesbaden: GWF Fachverlage, 2009.

Levinson, Jay Conrad [Das Guerilla Marketing Handbuch, 2000]: Das Guerilla Marketing Handbuch - Werbung und Verkauf von A bis Z, 2. Auflage, München: Wilhelm Heyne Verlag, 2000.

Levinson, Jay Conrad [Die 100 besten Guerilla-Marketing-Ideen, 2000]: Die 100 besten Guerilla-Marketing-Ideen, 1. Auflage, Frankfurt/Main: Campus Verlag, 2000.

Liebetrau, Martin [Ambush-Marketing, 2007]: Ambush-Marketing - eine qualitative Analyse am Beisoiel der FIFA Fußballweltmeisterschaft 2006, in: Drees, Norbert (Hrsg.): Erfurter Hefte zum angewandten Marketing, Heft 15, S. 13-23, 2007.

Nufer, Gerd; Bender, Manuel [Guerilla Marketing, 2008]: Guerilla Marketing, in: Rennhak, Carsten; Nufer, Gerd (Hrsg.): Reutlinger Diskussionsbeitrag zu Marketing & Management 2008, Heft 5, ESB Business School, Reutlingen University, 2008.

Nufer, Gerd: [Event-Marketing, 2006]: Event-Marketing und -Management. Theorie und Praxis unter besonderer Berücksichtigung von Imagewirkungen, 2., überarbeitete Auflage, Wiesbaden: Deutscher Universitätsverlag, 2006.

Patalas, Thomas [Guerilla-Marketing - Ideen schlagen Budget, 2006]: Das professionelle 1 x 1: Guerilla-Marketing - Ideen schlagen Budget, 1. Auflage, Berlin: Cornelsen Verlag, 2006.

Pechtl, Hans [Trittbrettfahren bei Sportevents, 2007]: Trittbrettfahren bei Sportevents: Das Ambush-Marketing, in: Wirtschaftswissenschaftliche Diskussionspapiere Ernst-Moritz-Arndt-Universität Greifswald, Greifswald : Ernst-Moritz-Arndt-Universität Greifswald, 2007.

Ries, Al; Trout, Jack [Marketing Warfare, 1997]: Marketing Warfare, New edition, New York: Mcgraw-Hill Professional, 1997

Schminke, L.; Koch, K.; Reimuth, C. [Guerilla-Marketing, 2007]: Guerilla-Marketing - Aussergewöhnliches Marketing für KMU, in: Marketingjournal, 5/2007, S. 36-39.

Schulte, Thorsten [Guerilla-Marketing für Unternehmertypen, 2007]: Guerilla-Marketing für Unternehmertypen - Das Kompendium, 3., völlig überarbeitete und erweiterte Auflage, Sternenfels: Verlag Wissenschaft & Praxis, 2007.

Stumpf, Marcus [Erfolgskontrolle der Integrierten Kommunikation, 2005]: Erfolgskontrolle der Integrierten Kommunikation: Messung des Entwicklungsstandes integrierter Kommunikationsarbeit in Unternehmen, in: Bruhn, Manfred (Hrsg.): Basler Schriften zum Marketing, 1. Auflage, Wiesbaden: GWF Fachverlage, 2005

Toedter, Carolin [Guerilla Marketing, 2006]: Guerilla Marketing, in: Kölner Schriften zur Medienwirtschaft, Band 7, 1. Auflage, Köln: BME Publishing, 2006.

Wehleit, Kolja [Ambient Media, 2003]: Leitfaden Ambient Media, 1. Auflage, Göttingen: Businessvillage, 2003.

Zerr, Konrad [Guerilla-Marketing in der Kommunikation, 2005]: Guerilla-Marketing in der Kommunikation - Kennzeichen, Mechanismen und Gefahren, in: Gaiser, B.; Linxweller, R.; Brucker, V. (Hrsg.): Praxisorientierte Markenführung - Neue Strategien, innovative Instrumente und aktuelle Fallstudien, 1. Auflage, Wiesbaden: Gabler, 2005, S. 464-472.

Internetquellen

Below-the-Line-Kommunikation: Artikel in: Gabler Wirtschaftslexikon Online, URL: http://wirtschaftslexikon.gabler.de/Definition/below-the-line-kommunikation.html, Abrufdatum: 31.03.2010.

GFK GROUP [GfK-Studie zur Nutzung Alternativer Werbeformen, 2007]: GfK-Studie zur Nutzung Alternativer Werbeformen,
Stand: 18.10.2007, URL:
http://www.robertundhorst.de/v2/img/downloads/gfkstudie_2007.pdf, Abrufdatum: 23.04.2010.

Gödecke, Christian [Media Markt wettet gegen Rudi Völler, 2004]: Media Markt wettet gegen Rudi Völler, in: Spiegel Online,
Stand: 01.06.2004, URL:
https://www.spiegel.de/sport/fussball/0,1518,302252,00.html, Abrufdatum: 25.03.2010.

Jackisch, Samuel [Verboten gute Werbung, 2010]: Verboten gute Werbung, in: Spiegel Online, Stand: 10.01.2010, URL:
http://www.spiegel.de/wirtschaft/service/0,1518,667651,00.html, Abrufdatum: 30.04.2010.

mary-woodbridge.co.uk [Mary Woodbridge's Everest Expedition, 2006]: Mary Woodbridge's Everest Expedition: Offizielle Homepage, URL: http://www.mary-woodbridge.co.uk, Abrufdatum: 03.05.2010.

persoenlich.com [Mit Everest-Oma den Medien einen "Mammut" aufgebunden, 2006]: Mit Everest-Oma den Medien einen "Mammut" aufgebunden,
Stand: 07.03.2006, URL:
http://www.persoenlich.com/news/show_news.cfm?newsid=58496, Abrufdatum: 03.05.2010.

presseportal.de [„Magischer Service" von Weltbild, 2005]: „Magischer Service" von Weltbild und der Deutschen Post, Stand: 24.08.2005, URL: http://www.presseportal.de/pm/14399/716157/weltbild_verlag, Abrufdatum: 24.03.2010.

Roeper, Nils [Möglichkeiten der Erfolgskontrolle im Marketing, 2009]: Marketing: Möglichkeiten der Erfolgskontrolle im Marketing, in: existXchange, Stand: 05.03.2009, URL: http://www.existxchange.de/blog/marketing-und-vertrieb/ marketing-moeglichkeiten-der-erfolgskontrolle-im-marketing, Abrufdatum: 13.05.2010.

spiegel.de [Riesen-Kahn und Baumarkt-Wahn, 2007]: Riesen-Kahn und Baumarkt-Wahn, in: Spiegel Online, Stand: 14.03.2007, URL: http://www.spiegel.de/wirtschaft/0,1518,471510,00.html, Abrufdatum: 07.05.2010

spreewaldhof.net [Produktbeschreibung „Get One!", 2010]: Produktbeschreibung „Get One!", URL:http://www.spreewaldhof.net/inhalt.php?navh=produkte&navu=shop_ gurken&navs=shop_gurken_get-one&produkt=017&seite=produktDetail, Abrufdatum: 25.03.2010.

stroeer.de [Zebrastreifen wird zur Außenwerbung, 2006]: Zebrastreifen wird zur Außenwerbung, Stand: 27.06.06,URL: http://www.stroeer.de/markt_news.1049.0.html?newsid=1213, Abrufdatum: 21.04.2010.

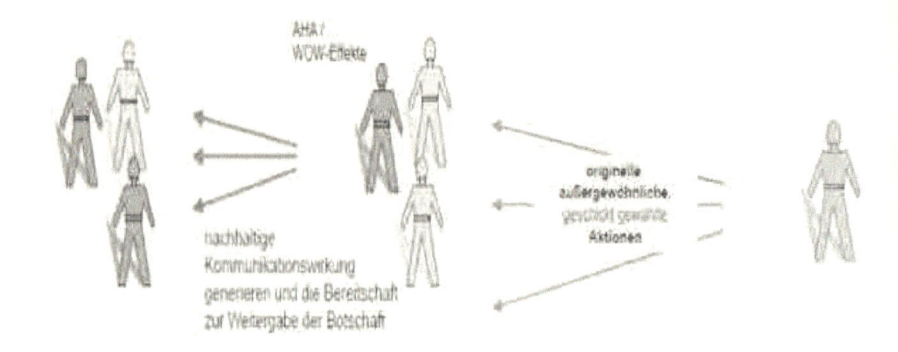

Abb. 1: Mechanik des Guerilla-Marketing
Quelle: 4managers, o.J.,
http://www.4managers.de/management/guerilla-marketing, Abrufdatum: 23.04.2010

Abb. 4: Die Kampagne sorgt für Gesprächsstoff
Quelle: persoenlich.com, 2006,
http://www.persoenlich.com/news/newsid=58496, Abrufdatum: 04.05.20

BEI GRIN MACHT SICH IHR WISSEN BEZAHLT

- Wir veröffentlichen Ihre Hausarbeit, Bachelor- und Masterarbeit

- Ihr eigenes eBook und Buch - weltweit in allen wichtigen Shops

- Verdienen Sie an jedem Verkauf

Jetzt bei www.GRIN.com hochladen und kostenlos publizieren